Learn German with Stories: Ferien in Frankfurt –
10 Short Stories for Beginners

© 2013 LearnOutLive
All text & illustrations by André Klein,
except cover art: Alte Mainbrücke mit Dom, 1913 (PD via WikiMedia Commons)

First published on November 26th, 2013 as Kindle Edition

ISBN-13: 978-1494337612
ISBN-10: 1494337614

learnoutlive.com

Table of Contents

Introduction

In this sequel to "Café in Berlin", Dino makes his way towards the central German metropolis of Frankfurt am Main, caught in between quaint cider-pubs, the international banking elite, old acquaintances and the eternal question what to do with his life.

Explore Frankfurt's city life, learn about local sights and sounds, and improve your German effortlessly along the way!

~

This book is designed to help beginners make the leap from studying isolated words and phrases to reading (and enjoying) naturally flowing German texts.

Using simplified sentence structures and a very basic vocabulary, this collection of short stories is carefully crafted to allow even novice learners to appreciate and understand the intricacies of coherent German speech.

Each chapter comes with a complete German-English dictionary, with a special emphasis on collocative phrases (high frequency word combinations), short sentences and expressions.

By working with these "building blocks" instead of just single words, learners can accelerate their understanding and active usage of new material and make the learning process more fluid and fun.

How To Read This Book

Before we start, we should acknowledge that there will be many unknown words in the following stories and that there are, in fact, various ways to deal with this very common problem for language learners of all ages and stages.

1. If you want to get the most out these stories, you'll have to establish some kind of *Lesefluss* (reading flow). You might be reading quickly or slowly, it doesn't matter — as long as you keep on reading and allow context and continuity to clear your questions.

2. Furthermore, important or difficult words (and short phrases) are appended to each chapter with an English translation for quick look-ups.

3. If you're reading this book on an e-reader or tablet, you can get instant translations by clicking/tapping on the word. To find out if your device supports this feature and how to enable it, please consult your manual or customer support.

4. As a final option we recommend using a good German-English online dictionary such as **dict.cc** on your computer or mobile device while reading the following stories.

1. Willkommen in Frankfurt

~

Der **Frankfurter Flughafen** ist **wie** Deutschland: **modern, sauber, ordentlich.** Aber **mein Gepäck** ist **trotzdem verschwunden.**

„Palermo IA3537", **stand auf dem Bildschirm. Nach fünf Minuten startete** das **Gepäckband.** Die **anderen Passagiere nahmen ihre Koffer und**

Taschen. Ich habe **eine halbe Stunde gewartet.**
Aber das Gepäckband **war leer.**
„Singapore SA1428", stand **jetzt** auf dem Bildschirm. Fünf Minuten **später** startete das Gepäckband und die Passagiere **aus Singapur** nahmen ihre Koffer und Taschen.

Ich **ging zu einem Schalter mit der Aufschrift**
„Verlorenes Gepäck".

Der Mann **hinter** dem Schalter **sagte:** „Ja?"

„Mein Gepäck", sagte ich. **„Es ist nicht ange-**
kommen."

„Gepäckabschnitt", sagte der Mann.

„Entschuldigung?", sagte ich.

„Ihre Bordkarte", sagte der Mann.

Ich **suchte in meiner Hosentasche** und **gab**
dem Mann die **zerknitterte** Bordkarte. Er **tippte**
etwas in seinen Computer. „Palermo?", sagte er. Ich
nickte. Dann gab er mir ein **Formular.**

„Name, Adresse, Telefon", sagte er.

„Adresse?", fragte ich.

„Ihre Adresse in Deutschland", sagte der Mann.

„Ich ... wohne in Sizilien", sagte ich.

„Ja, aber **wo werden Sie** in Deutschland **wohnen?**", fragte der Mann.

„**Bei meinem Bruder**", sagte ich.

„Und wo wohnt Ihr Bruder?", fragte er.

„In Frankfurt", sagte ich.

„Aber wo?", sagte der Mann und **schüttelte seinen Kopf.** „Frankfurt ist eine große Stadt."

„In einem Haus?", sagte ich. „**Ich weiß nicht** ..."

Der Mann **seufzte** und sagte: „Okay, dann Ihre Email, bitte!"

Ich **schrieb** meine E-Mail-Adresse **auf** und sagte: „Telefonnummer ..."

„**Wissen Sie nicht? Macht nichts. Wiedersehen!**", sagte der Mann.

„**Eine Frage noch**", sagte ich.

Der Mann hinter dem Schalter **runzelte seine Stirn.**

„**Wann bekomme ich** mein Gepäck?", fragte ich.

Der Mann lachte und sagte: „**Das kann ich Ihnen nicht sagen. Vielleicht schon in drei**

Tagen, aber vielleicht auch erst in zwei Wochen."

„Zwei Wochen?", sagte ich. „Aber meine Kleidung ist in dem Koffer! Was soll ich tun?"

„Tut mir Leid", sagte der Mann. „Jedes Jahr gehen 25 Millionen Gepäckstücke verloren. Das sind knapp 3000 Koffer und Taschen pro Stunde! Wenn es Sie beruhigt, Sie sind nicht der einzige."

willkommen: welcome, **Frankfurter Flughafen**: Frankfurt Airport, **wie**: like, **modern**: modern, **sauber**: clean, **ordentlich**: orderly, **mein**: my, **Gepäck**: baggage, **trotzdem**: in spite of that, **verschwunden**: lost, **... stand auf dem Bildschirm**: the screen said ..., **nach fünf Minuten**: after five minutes, **startete**: started, **Gepäckband**: baggage conveyor belt, **die anderen Passagiere**: the other passengers, **nahmen**: took, **ihre Koffer und Taschen**: their suitcases and bags, **eine halbe Stunde**: half an hour, **gewartet**: waited, **war**: was, **leer**: empty, **jetzt**: now, **später**: later, **aus Singapur**: from Singapore, **ging**: went, **zu einem Schalter**: to a counter, **mit der Aufschrift ...**: marked ..., **verlorenes**: lost, **hinter**: behind, **sagte**: said, **Es ist nicht angekommen.**: It hasn't arrived., **Gepäckabschnitt**: baggage check, **Entschuldigung?**: Excuse me?, **Ihre Bordkarte**: your [formal] boarding ticket, **suchte**: searched, **in meiner Hosentasche**: in my pocket, **gab**: gave, **zerknittert**: crumpled, **tippte etwas**: typed something, nickte: **nodded**, **Formular**: form, **Ihre Adresse**: Your [formal] address, **Wo werden Sie wohnen?**: Where will your home be?, **bei meinem Bruder**: at my brother's, **schüttelte seinen Kopf**: shook his head, **Ich weiß nicht**: I don't know, **seufzte**: sighed, **schrieb auf**: wrote down, **Wissen Sie nicht?**: You [formal] don't know?, **Macht nichts**: Never mind, **Wiedersehen**: Goodbye, **eine Frage noch**: one more question, **runzelte seine Stirn**: furrowed his brows, **Wann bekomme ich ... ?**: When do I get ... ?, **Das kann ich Ihnen nicht sagen.**: I can't tell you [formal] that., **vielleicht**: maybe, **schon**: already, **in drei Tagen**: in three days, **aber**: but, **auch**: also, **erst**: only, **zwei Wochen**: two weeks, **Kleidung**: clothes, **Was soll ich tun?**: What should I do?, **Tut mir Leid.**: I'm sorry about that., **jedes Jahr**: every year, **gehen verloren**: go lost, **Gepäckstücke**: items of luggage, **knapp**: almost, **pro Stunde**: per hour, **wenn es Sie beruhigt**: if it will make you feel better, **nicht der einzige**: not the only one

Übung

1. Dinos Gepäck ist ...

a) angekommen.

b) verschwunden.

c) schmutzig

2. Wie lange hat Dino auf sein Gepäck gewartet?

a) eine halbe Stunde

b) eine Viertelstunde

c) eine Stunde

3. Wo wird Dino in Frankfurt wohnen?

a) in einem Hotel

b) bei seiner Schwester

c) bei seinem Bruder

2. Ein Name, zwei Städte

~

Mein Bruder Alfredo **hat mich vom Flughafen abgeholt.** Er **fährt** einen **silbernen** *BMW* **Cabrio.** Der **Kofferraum** ist **sehr klein.** Aber ich habe **glücklicherweise** kein Gepäck. **Glück im Unglück?**

Von der Autobahn kann man Wolkenkratzer sehen. „Die *Skyline* von Frankfurt", sagt Alfredo. **Es**

15

dämmert langsam.

„**Wohnst du in** einem Wolkenkratzer?", frage ich.

Alfredo **lacht** und sagt: „Nein. **Die meisten Türme** sind **Banken**. Frankfurt ist **Deutschlands finanzielles Herz**."

Mein Bruder **arbeitet für** eine amerikanische Bank. „In Frankfurt **gibt es mehr als** 240 Banken **aus aller Welt**", sagt er. „**Hier** ist die **Börse**. Hier **liegt** das **Geld in der Luft!**"

Alfredo wohnt jetzt in Frankfurt, **weil** sein **Chef** in New York gesagt hat, er **soll ein Jahr** in Frankfurt wohnen. Die amerikanischen Banken haben **Probleme**. Alfredo soll von den deutschen Banken **lernen, wie man mehr Geld macht.**

„Deutschland ist **wichtig** für Europa. Und Europa ist ein wichtiger Partner für Amerika", sagt mein Bruder.

Wir fahren **eine Weile** durch die **Dämmerung**. Die Wolkenkratzer **glitzern** in der **Dunkelheit**. Dann **parkt** Alfredo den BMW, und wir gehen in seine **Wohnung**.

Alfredos Wohnung ist ein **Loft mit Ausblick auf** den *Main*, Frankfurts **Fluss**. „**Schön, oder?**", sagt Alfredo und **zeigt durch** die **Fenster auf** die **Lichter der Stadt**.

„**Wusstest du, dass** es **zwei Städte** mit dem **Namen** Frankfurt gibt?", sagt Alfredo. „Es gibt Frankfurt am *Main*, und Frankfurt an der *Oder*."

„**Oder was?**", frage ich.

„Nein", sagt Alfredo und lacht. „Das ist **der Name des Flusses**. Der Fluss **heißt** *Oder!*"

„**Ach so!**", sage ich. „Ein **komischer Name für** einen Fluss."

„Okay", sagt Alfredo. „**Ich muss geh'n. Im Kühl**schrank ist Bier, und **wenn du hungrig bist**, kannst du **eine Pizza bestellen**."

„**Wo gehst du hin?**", frage ich.

„**Wohin? Zur Arbeit, natürlich**", sagt Alfredo. „**Bis später!**"

Ich **höre** die **Tür**. Dann ist alles **still**. Ich bin **allein** in Alfredos Loft, allein mit den Lichtern der Stadt.

~

mein **Bruder**: my brother, **hat mich vom Flughafen abgeholt**: picked me up from the airport, **fährt**: drives, **silbern**: silver, **Cabrio**: convertible, **Kofferraum**: trunk, **sehr klein**: very small, **glücklicherweise**: fortunately, **Glück im Unglück**: lucky under the circumstances, **von der Autobahn**: from the freeway, **man kann**: you can, **Wolkenkratzer**: skyscrapers, **sehen**: see, **es dämmert**: dusk is falling, **langsam**: slowly, **Wohnst du in ... ?**: Do you live in ... ?, **lacht**: laughs, **die meisten**: most (of the), **Türme**: towers, **Banken**: banks, **Deutschlands·** Germany's, **finanzielles Herz**: financial heart, **arbeitet für**: works for, **es gibt**: there are, **mehr als**: more than, **aus aller Welt**: from all over the world, **hier**: here, **Börse**: stock exchange, **liegt in der Luft**: is in the air, **Geld**: money, **weil**: because, **Chef**: boss, **soll**: should, **ein Jahr**: one year, **Probleme**: problems, **lernen**: learn, **wie man mehr Geld macht**: how to make more money, **wichtig**: important, **eine Weile**: a while, **Dämmerung**: dusk, **glitzern**: glitter, **Dunkelheit**: darkness, **parkt**: parks, **Wohnung**: apartment, **Loft**: loft, **mit Ausblick auf**: with a view on, **Fluss**: river, **Schön, oder?**: Beautiful, isn't it?, **zeigt ... auf**: points ... at, **durch**: through, **Fenster**: windows, **Lichter der Stadt**: city lights, **Wusstest du, dass ... ?**: Did you know that ... ?, **zwei Städte**: two cities, **Namen**: name, **Oder was?**: Or what?, **der Name des Flusses**: the name of the river, **heißt**: is called, **Ach so!**: I see!, **ein komischer Name für ...**: a strange name for ..., **Ich muss geh'n.**: I gotta go., **im Kühlschrank**: in the fridge,

Bier: beer, **wenn du hungrig bist**: if/when you are hungry, **eine Pizza bestellen**: order a pizza, **Wo gehst du hin?**: Where are you going?, **wohin**: whereto, **zur Arbeit**: to work, **natürlich**: of course, **Bis später.**: See you later., **höre**: hear, **Tür**: door, **still**: silent, **allein**: alone

 # Übung

1. Für wen arbeitet Alfredo?

a) Er arbeitet für eine amerikanische Bank.

b) Er arbeitet an der Frankfurter Börse.

c) Er arbeitet für eine deutsche Bank.

2. Wo wohnt Alfredo?

a) in einem Wolkenkratzer

b) in einem Loft

c) in einer Villa

3. Wie heißt der Fluss in Frankfurt?

a) Rhein

b) Main

c) Donau

4. Die andere Stadt heißt ...

a) Frankfurt am Rhein

b) Frankfurt an der Oder

c) Frankfurt am Neckar

5. Wohin geht Alfredo?

a) zur Arbeit

b) in eine Kneipe

c) zu seiner Freundin

3. Shoppingtour

~

Ich bin jetzt **fast eine Woche lang** in Frankfurt. Ich **schaue viel Fernsehen** und **surfe** im Internet. Meinen Bruder **sehe** ich **nicht oft**. Er **steht auf, wenn ich noch schlafe.** Und wenn er **von der Arbeit kommt,** bin ich **meistens schon im Bett.**

Mein Gepäck **ist immer noch nicht angekommen.** Ich habe **beim Flughafen angerufen.** Sie sagen, **sie wissen nichts.**

In der Zwischenzeit trage ich die Kleidung meines Bruders. Er ist ein bisschen größer als ich. Die Hosen sind ein bisschen zu lang, die Hemden ein bisschen zu weit, aber es ist besser als nichts.

Vorgestern war ich auf der *Zeil*. Das ist eine große Fußgängerzone in der Innenstadt. Dort kann man alles kaufen: Italienische Mode, Delikatessen, Plasmafernseher, Meerschweinchen und vieles mehr.

Ich habe eine Zahnbürste, Unterhosen und Socken gekauft. Dann bin ich mit der U-Bahn nach Hause gefahren. In der U-Bahn waren Menschen aus aller Welt. Ich habe eine Gruppe japanischer Touristen gesehen, zwei Frauen in Burka, einen Mann mit einem Turban und viele Leute mit grauen Anzügen. Ich glaube, die Männer und Frauen mit den grauen Anzügen arbeiten in den Banken. Oder sie haben alle ihr Gepäck verloren und tragen die Kleidung ihrer Geschwister, wie ich.

In Alfredos Wohnung habe ich **mit meiner Mutter telefoniert**. Sie hat gesagt, sie ist sehr **glücklich**, dass ich **zusammen** mit Alfredo in einer Bank arbeite. Sie weiß nicht, dass ich nicht arbeite. Ich muss **zuerst** Deutsch lernen. Das ist das **Wichtigste**, wenn man in Deutschland lebt. **Nur wenn** man gut Deutsch spricht, kann man **eine Arbeit finden**. **Leider** ist mein Deutsch **noch nicht gut genug**.

Ich lerne **zur Zeit** Deutsch im Internet. Es gibt dort eine Gruppe. Wir sollen auf Deutsch **chatten**, aber **meistens** sprechen wir Englisch. Vielleicht **muss** ich einen **Deutschkurs** in Frankfurt **besuchen**?

Ehrlich gesagt ist der Fernseher **im Moment mein bester Lehrer**. Ich schaue Talkshows und Filme auf Deutsch. Ich verstehe nicht alles, aber **das ist egal**. Alfredo hat einen großen Fernseher, ein **gemütliches** Sofa, und mein Deutsch ist **gut genug**, **um jeden Tag** Pizza **zu** bestellen.

~

Shoppingtour: shopping spree, **fast**: almost, **eine Woche lang**: for one week, **Ich schaue viel Fernsehen.**: I watch a lot of TV., **ich surfe**: I surf, **ich sehe**: I see, **nicht oft**: not often, **steht auf**: gets up, **wenn ich noch schlafe**: when I'm still sleeping, **von der Arbeit kommt**: gets in from work, **meistens schon**: mostly already, **im Bett**: in bed, **ist immer noch nicht angekommen**: still hasn't arrived yet, **beim Flughafen angerufen**: called the airport, **Sie wissen nichts.**: They don't know anything., **in der Zwischenzeit**: in the meantime, **ich trage**: I wear, **meines Bruders**: my brother's, **ein bisschen größer**: a bit taller, **als ich**: than me, **Hosen**: pants, **zu lang**: too long, **zu weit**: too big, **besser als nichts**: better than nothing, **vorgestern**: the day before yesterday, **Fußgängerzone**: pedestrian area, **in der Innenstadt**: in the city center, **dort**: there, **kaufen**: buy, **italienische Mode**: Italian fashion, **Delikatessen**: delicacies, **Plasmafernseher**: plasma TVs, **Meerschweinchen**: guinea pigs, **und vieles mehr**: and much more, **Zahnbürste**: toothbrush, **Unterhosen**: underpants, **Socken**: socks, **gekauft**: bought, **mit der U-Bahn**: by subway, **nach Hause gefahren**: gone home, **Menschen**: people, **eine Gruppe japanischer Touristen**: a group of Japanese tourists, **mit einem Turban**: with a turban, **Leute mit grauen Anzügen**: people with gray suits, **ich glaube**: I believe, **Geschwister**: siblings, **wie ich**: like me, **mit meiner Mutter telefoniert**: spoken to my mother on the phone, **glücklich**: happy, **zusammen**: together, **zuerst**: first, **das**

Wichtigste: the main thing, **wenn man in ... lebt**: when you live in ..., **nur wenn**: only when/if, **eine Arbeit finden**: to find a job, **leider**: unfortunately, **noch nicht gut genug**: not yet good enough, **zur Zeit**: currently, **auf Deutsch chatten**: chat in German, **meistens**: mostly, **muss**: must, **Deutschkurs**: German course, **besuchen**: attend, **ehrlich gesagt**: to be honest, **im Moment**: at the moment, **mein bester Lehrer**: my best teacher, **Ich verstehe nicht alles.**: I don't understand everything., **Das ist egal.**: It doesn't matter., **gemütliches Sofa**: comfortable sofa, **gut genug, um ... zu ...**: good enough (in order) to ..., **jeden Tag**: every day

 **Übung**

1. Wie lange ist Dino in Frankfurt?

a) fast zwei Wochen

b) fast eine Woche

c) fast drei Wochen

2. Was ist das Problem mit Alfredos Kleidung?

a) Die Hosen sind zu weit und die Hemden sind zu lang.

b) Die Hosen sind zu lang und die Hemden sind zu weit.

c) Die Hosen sind zu weit und die Hemden sind zu eng.

3. Was ist die „Zeil"?

a) eine U-Bahnlinic

b) ein Delikatessenladen

c) eine Fußgängerzone

4. Was kauft Dino?

a) eine Zahnbürste, Unterhosen und Delikatessen

b) ein Meerschweinchen, Unterhosen und Socken

c) eine Zahnbürste, Unterhosen und Socken

5. Mit wem hat Dino telefoniert?

a) mit seiner Schwester

b) mit seiner Mutter

c) mit seinem Vater

6. Dinos Mutter denkt, ...

a) er arbeitet in einer Bank.

b) er arbeitet an der Börse.

c) er arbeitet am Flughafen.

7. Wo lernt Dino Deutsch?

a) im Internet

b) an der Volkshochschule

c) am Goethe-Institut

8. Wer ist Dinos „bester Lehrer"?

a) Alfredo

b) der Fernseher

c) das Internet

4. Überraschungsbesuch

Heute Morgen ist **etwas Komisches** passiert.
Wie jeden Morgen habe ich einen **Kaffee getrun-
ken**. Dann habe ich **geduscht**. Als ich **aus der
Dusche kam**, —nur mit einem **Handtuch bekleidet**
— **stand** eine **brünette junge** Frau im **Wohnzim-
mer**.

„Oh", sagte sie und **lächelte**. „**Guten Morgen!**"

„**Wer sind Sie?**", fragte ich. „**Was wollen Sie?**"

„**Dasselbe kann ich dich fragen**. Was machst du hier?", fragte sie.

„Ich ... ich habe geduscht", sagte ich.

„**Das sieht man**", sagte die junge Frau. **Ihre grünen Augen starrten mich an**. „Aber **wie bist du in die Wohnung gekommen?**"

„Mein Bruder", sagte ich. „Das ist die Wohnung meines Bruders."

„Oh", sagte die junge Frau und lachte. „Entschuldigung. Ich ... **ich dachte** ..."

Sie **ging zur Tür**. „**Einen Moment**", sagte ich und **ging ins Schlafzimmer**. Dort **zog** ich **schnell** etwas **an**. Dann ging ich zurück ins Wohnzimmer.

„**Was dachten Sie?**", fragte ich.

„**Lass das Siezen**, bitte!", sagte sie.

„Okay", sagte ich. „Was dachtest *du*?"

„Christa", sagte die Frau und **gab mir die Hand**. „Ich wohne im **Erdgeschoss**. Mein Vater ist der **Vermieter**."

„Du bist die **Tochter** des Vermieters?", sagte ich.

„Ja", sagte sie. „Ich komme oft hier ins Loft. Hier **habe ich meine Ruhe. Ich mag** den **Ausblick auf** den Main. Der silberne BMW war nicht **auf dem Parkplatz**. Und ich dachte ..."

„**Niemand ist zu Hause?**", fragte ich. Sie **nickte.**

„Dino", sagte ich und gab ihr meine Hand. „**Es ist gut, dass** du hier bist. Frankfurt ist **so eine langweilige Stadt**."

„*Moomendemal!*", sagte Christa.

„**Wie bitte?**", sagte ich.

Christa lachte und sagte: „Verstehst du kein **Hessisch**? Ich habe gesagt: **Moment mal!** Frankfurt ist keine langweilige Stadt."

„Aber **man kann hier nichts machen**", sagte ich. „Nur arbeiten und einkaufen."

Christa schüttelte den Kopf. „Komm, wir gehen jetzt erst einmal einen *Äbbelwoi* trinken."

„Was? Moment!", sagte ich. „Ich ... vielleicht habe ich **andere Pläne** ..."

„Und? Hast du andere Pläne?", fragte sie.

„Äh … nein", sagte ich.

„Gut, **ich auch nicht**", sagte Christa. „Komm!"

~

Überraschungsbesuch: surprise visit, **heute Morgen**: this morning, **etwas Komisches**: something strange, **wie jeden Morgen**: like every morning, **Kaffee**: coffee, **getrunken**: drunk, **geduscht**: showered, **als ...**: when ..., **aus der Dusche**: from the shower, **kam**: came, **Handtuch**: towel, **bekleidet**: dressed, **stand**: stood, **brünette junge Frau**: brunette young woman, **im Wohnzimmer**: in the living room, **lächelte**: smiled, **Guten Morgen!**: Good morning!, **Wer sind Sie?**: Who are you [formal]?, **Was wollen Sie?**: What do you [formal] want?, **Dasselbe kann ich dich fragen.**: I could ask you the same., **Was machst du hier?**: What are you doing here?, **fragte**: asked, **Das sieht man.**: You can see that., **ihre grünen Augen**: her green eyes, **starrten mich an**: stared at me, **Wie bist du in die Wohnung gekommen?**: How did you get into the apartment?, **die Wohnung meines Bruders**: my brother's apartment, **ich dachte**: I thought, **ging zur Tür**: went to the door, **Einen Moment!**: Just a moment!, **ging ins Schlafzimmer**: went into the bedroom, **Ich zog schnell etwas an.**: I quickly put on something., **zurück**: back, **Was dachten Sie?**: What did you [formal] think?, **Lass das ... bitte!**: Please don't ...!, **Siezen**: to call sb. "Sie", **gab mir die Hand**: shook my hand, **Erdgeschoss**: ground floor, **Vermieter**: landlord, **Tochter**: daughter, **Hier habe ich meine Ruhe.**: I have my peace here., **ich mag ...**: I like ..., **Ausblick auf**: view over, **auf dem Parkplatz**: in the parking lot, **niemand ist zu Hause**: nobody's at home, **nickte**: nodded, **Es ist gut, dass ...**: It's good that …, **so eine langweilige Stadt**: such a boring city, **Wie bitte?**: Pardon me?, **Hessisch**: Hessian (dialect), **Moment mal!**: Hold it!, **Man kann hier nichts machen.**: You can't do anything here., **erst einmal**: for starters, **Äbbelwoi [Hessian]**: apple wine, **andere Pläne**: other plans, **Und?**: Well?, **ich auch nicht**: me neither

 **Übung**

1. Wer stand im Wohnzimmer?

a) eine brünette junge Frau

b) eine blonde junge Frau

c) eine brünette alte Frau

2. Wer ist Christa?

a) die Freundin des Vermieters

b) die Tochter des Vermieters

c) die Schwester des Vermieters

3. Was will Christa in der Wohnung?

a) Sie will die Blumen gießen.

b) Sie will mit Alfredo sprechen.

c) Sie mag die Aussicht.

4. Was ist „Hessisch"?

a) eine Delikatesse

b) ein Dialekt

c) ein Delikt

5. Handkäse mit Musik

Christa und ich sitzen in einer **Apfelwein-K-neipe** in *Sachsenhausen*. Das ist ein **Stadtteil** in Frankfurt mit vielen Restaurants und Kneipen. Hier gibt es keine Wolkenkratzer. Alles ist klein und **traditionell**.

„**Wie schmeckt** der *Äbbelwoi?*", fragt Christa und

zeigt auf mein Glas.

„Sehr **sauer**", sage ich. Christa lacht.

„Okay, **hör zu!**", sagt Christa. „Der **Krug** hier, das ist der **Bembel**. In dem *Bembel* ist Apfelwein. Ich habe den Apfelwein mit **Mineralwasser** gemischt. Das heißt *Saurer*."

„Okay", sage ich.

„Es gibt auch eine **süße Variante**", sagt Christa.

„**Wirklich?**", sage ich.

„Ja", sagt Christa. „Das ist Apfelwein mit Limonade."

Ich habe **Kopfschmerzen**. **Zu viele** Wörter, oder **zu viel** Wein?

In der Kneipe sitzen Touristen und **Einheimische** zusammen. **In einer Ecke** sitzt eine Gruppe amerikanischer Touristen. Sie singen **Lieder aus den 80er Jahren**. **Am Tisch neben uns** sitzt ein Mann und eine Frau. Sie trinken ihren *Äbbelwoi*.

„**Schau mal**", sagt Christa und zeigt auf einen japanischen Touristen **mit einer Brille**. Der Japaner sitzt **ganz alleine** an einem großen Tisch. Vor ihm steht ein großer *Bembel* und ein **Teller voll mit Fleisch.**

„**Schläft er?**", frage ich. „**Er bewegt sich nicht.**"

Plötzlich fällt der Tourist **mit dem Kopf auf den Tisch.** Sein **Gesicht landet** auf dem Teller. Er **schnarcht.**

„**Keine Sorge!** Das **passiert** hier jeden Tag", sagt Christa. „Oh, da kommt **der nächste** *Bembel.*"

„**Was ist das?**", frage ich. „**Riechst du das?**"

„Ja. Ich habe *Handkäse mit Musik* bestellt", sagt Christa. „Hier, **nimm ein Stück!**"

Christa gibt mir ein Stück Handkäse. Ich **versuche**, nicht **durch die Nase** zu **atmen.**

„Wie schmeckt es?", fragt Christa. Ich **kaue.** „Gut?", fragt sie. Ich **schlucke.** „**Noch ein** Stück?". Ich schüttle den Kopf und sage: „**Gib mir** *Äbbelwoi!*"

Ich trinke schnell ein großes Glas. Dann sage ich: „Der Handkäse ist ... okay. Aber wo ist die Musik?"

„Die Musik **kommt später**", sagt Christa und lacht.

„Verstehe ich nicht", sage ich.

„**Hast du schon einmal Bohnen gegessen**?", fragt Christa. „Der Handkäse macht dieselbe ‚Musik'!"

Ich trinke meinen Apfelwein. Die amerikanischen Touristen singen **keine** Lieder **mehr**. Sie haben zu viel getrunken.

„Schau", sage ich und zeige auf den japanischen Tourist. Er **öffnet seine Augen**, **hebt** den **Kopf** und **schaut auf seine Uhr**. Dann nimmt er einen **schwarzen** Koffer und **verlässt** die Kneipe.

~

Christa und ich sitzen in ...: Christa and I are sitting in ...,
Apfelwein-Kneipe: cider pub, **Stadtteil:** district, **traditionell:**
traditional, **Wie schmeckt ... ?:** How does ... taste?, **sauer:**
sour, **Hör zu!:** Listen!, **Krug:** pitcher, **Bembel:** earthenware jug
for serving apple cider, **Mineralwasser:** soda, **mit ... gemischt:**
mixed with ..., **Saurer:** apple cider mixed with soda, **süße
Variante:** sweet version, **Wirklich?:** Really?, **Kopfschmerzen:**
headache, **zu viele:** too many, **zu viel:** too much,
Einheimische: locals, **in einer Ecke:** in a corner, **Lieder aus
den 80er Jahren:** songs from the 80s, **am Tisch neben uns:** at
the table next to us, **Schau mal!:** Look!, **mit einer Brille:** with
glasses, **ganz alleine:** all alone, **steht:** stands, **Teller:** plate, **voll
mit Fleisch:** filled with meat, **Schläft er?:** Is he sleeping?, **Er
bewegt sich nicht.:** He isn't moving., **plötzlich:** suddenly,
fällt: falls, **mit dem Kopf:** with the head, **auf den Tisch:** onto
the table, **Gesicht:** face, **landet:** lands, **Er schnarcht.:** He's
snoring., **Keine Sorge!:** No worries!, **passiert:** happens, **der
nächste:** the next, **Was ist das?:** What's that?, **Riechst du
das?:** Do you smell that?, **Handkäse mit Musik:** Hessian hand
cheese with onions, **Nimm ein Stück!:** Take a piece!, **ich
versuche:** I try, **durch die Nase:** through the nose, **atmen:**
breathe, **ich kaue:** I chew, **ich schlucke:** I swallow, **noch ein:**
another, **Gib mir ... !:** Give me ... !, **kommt später:** comes later,
Hast du schon einmal ... ?: Have you ever ... ?, **Bohnen:**
beans, **gegessen:** eaten, **dieselbe:** the same, **keine ... mehr:** no
more ..., **öffnet:** opens, **seine Augen:** his eyes, **hebt:** lifts,

Kopf: head, **schaut auf seine Uhr**: consults his watch, **nimmt**: takes, **Koffer**: suitcase, **verlässt**: leaves

 # Übung

1. Wo sind Christa und Dino?

a) in einem Restaurant

b) in einer Cocktailbar

c) in einer Apfelwein-Kneipe

2. Was ist ein „Bembel"?

a) der Apfelwein-Krug

b) das Apfelwein-Glas

c) die Apfelwein-Kneipe

3. Was ist „Saurer"?

a) Apfelwein mit Mineralwasser

b) Apfelwein mit Limonade

c) Apfelwein mit Orangensaft

4. Die amerikanischen Touristen ...

a) schlafen.

b) tanzen.

c) singen.

5. Der japanische Tourist ...

a) schläft.

b) singt.

c) isst.

6. Wie riecht der Handkäse?

a) sehr mild

b) sehr stark

c) Er hat keinen Geruch.

6. 200 Meter über Frankfurt

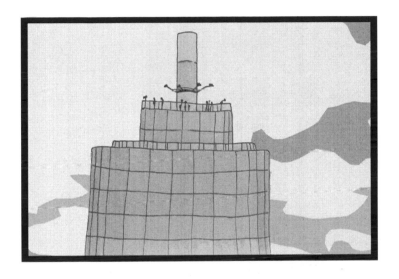

Nach der Apfelweinkneipe sind Christa und ich in der Frankfurter **Altstadt spazieren gegangen.**

Christa hat mir den *Römer* gezeigt. So heißt das **Rathaus** Frankfurts. Es ist ein sehr altes Haus. „Warum *Römer?*", fragte ich Christa. „Warum nicht *Deutscher* oder *Frankfurter?*"

„Ich weiß nicht", sagte Christa und lachte. „Ich

47

glaube, hier **war einmal** ein **römisches Militärlager.**"

„Wie alt sind diese Häuser?", fragte ich und zeigte auf ein paar **Fachwerkhäuser auf der anderen Seite.**

„Das sind **Rekonstruktionen** aus den 80er Jahren", sagte Christa. „Die **Originale wurden im Zweiten Weltkrieg zerstört.**"

„Oh", sagte ich. „**Das ist schade.**"

Das **Wetter** war gut. Der **Himmel** war blau und die **Sonne schien.** Christa und ich sind am Mainufer spazieren gegangen. Es ist **nett** dort. Man kann **auf grünen Wiesen am Ufer sitzen.**

Danach sind wir zum *Maintower* gegangen. Das ist ein Wolkenkratzer mit einer Aussichtsplattform. Man muss **Eintritt bezahlen** und durch einen **Sicherheitscheck** gehen, wie im Flughafen. Dann kann man mit dem **Fahrstuhl** 200 Meter **nach oben** fahren.

Von der Plattform aus hat man eine gute **Aussicht** über Frankfurt. „Es gibt hier vielleicht nicht so viele Wolkenkratzer wie in New York oder London, aber die **zehn höchsten Gebäude** Deutschlands sind alle in Frankfurt", sagte Christa.

Es **wurde** langsam **Abend**. Der Himmel war rot.

„Was ist das?", fragte ich und zeigte auf **ein paar Berge**. „Die **Alpen?**"

„**Machst du Witze?**", sagte Christa. „Das ist der *Taunus!*"

„Ja", sagte ich und lachte. „Ich mache Witze."

Wir standen still auf der Aussichtsplattform, 200 Meter über Frankfurt. **Hinter** den Bergen **ging die Sonne** langsam **unter**.

Christa **gähnte** und sagte: „So, jetzt hast du Frankfurt gesehen. **Du hast recht**, es ist ein bisschen langweilig hier."

„Nein", sagte ich. „Ich habe sehr viel gesehen heute. Frankfurt ist sehr interessant!"

„**Ich hoffe, du sagst das nicht nur**", sagte sie.

„Nein, **ehrlich**", sagte ich.

~

Altstadt: old city, **spazieren gegangen:** gone for a walk, **Rathaus:** city hall, **war einmal:** used to be, **römisches Militärlager:** Roman military camp, **Fachwerkhäuser:** half-timbered houses, **auf der anderen Seite:** on the other side, **Rekonstruktionen:** reconstructions, **Originale:** originals, **wurden zerstört:** were destroyed, **im Zweiten Weltkrieg:** in the Second World War, **Das ist schade.:** That's a pity., **Wetter:** weather, **Himmel:** sky, **die Sonne schien:** the sun was shining, **nett:** nice, **auf grünen Wiesen sitzen:** on green meadows, **am Ufer:** at the water's edge, **Aussichtsplattform:** observation platform, **Eintritt bezahlen:** pay entrance fee, **Sicherheitscheck:** security check, **Fahrstuhl:** elevator, **nach oben:** upwards, **Aussicht:** view, **die zehn höchsten Gebäude:** the ten tallest buildings, **Es wurde Abend.:** The evening came., **ein paar:** a few, **Berge:** mountains, **die Alpen:** the Alps, **Machst du Witze?:** Are you kidding?, **Taunus:** mountain range north of Frankfurt, **hinter:** behind, **die Sonne ging unter:** the sun set, **gähnte:** yawned, **Du hast recht.:** You're right., **ich hoffe:** I hope, **... du sagst das nicht nur:** ... you're not just saying that, **ehrlich:** honestly

 # Übung

1. Was haben Christa und Dino gemacht?

a) Sie sind spazieren gegangen.

b) Sie sind schwimmen gegangen.

c) Sie sind nach Hause gegangen.

2. Was ist der „Römer"?

a) eine Frankfurter Bank

b) das Frankfurter Rathaus

c) die Frankfurter Börse

3. Der Himmel war ...

a) blau und die Sonne schien.

b) grau und die Sonne schien.

c) blau und die Sonne schien nicht.

4. Welche Berge hat Dino gesehen?

a) den Taunus

b) die Alpen

c) die Bergstraße

7. Fast wie zu Hause

Heute ist mein Gepäck angekommen. **Endlich!** Ich habe **gefragt**, was das Problem war. **Man hat mir gesagt, dass** mein Koffer **nie** in Frankfurt angekommen ist. Er ist mit einem anderen Flugzeug von Palermo nach Marrakesch **geflogen**.

Der Koffer **sieht nicht gut aus**. Er hat viele

Beulen und **Kratzer**. Aber alle meine **Sachen sind noch da**. Jetzt muss ich **nicht mehr** die Kleidung meines Bruders tragen.

Apropos, heute habe ich mit Alfredo Mittag gegessen. **Zum ersten Mal seit** sieben Tagen hat er Zeit für mich gefunden.

Wir sind in ein kleines italienisches Restaurant gegangen. „Die Pizza und Pasta hier ist **fast wie zu Hause**", sagte Alfredo. „**Was willst du trinken?**"

„Wasser", sagte ich.

„Kein Bier?", fragte Alfredo.

„Nein", sagte ich. „**Ich habe einen Kater** von dem Apfelwein."

„Apfelwein?", fragte Alfredo.

„Es ist eine **lange Geschichte**", sagte ich.

Alfredo bestellte ein Bier und ich Wasser.

„**Wie findest du** Frankfurt?", fragte Alfredo.

„Ich mag die Skyline und das Mainufer", sagte ich.

„Wusstest du, dass Frankfurts **Bevölkerung am Tag höher** ist **als in der Nacht**?", fragte Alfredo.

„Nein, warum?", sagte ich.

„Mehr als 300.000 Menschen sind **Pendler**. Sie arbeiten in Frankfurt, aber sie wohnen nicht hier. Meine **Kollegen** zum Beispiel wohnen alle im Taunus."

Alfredo bestellte eine Pizza *Quattro Stagioni*, ich Spaghetti *alla siciliana*.

„Hast du mit Mama telefoniert?", fragte Alfredo.

„Ja", sagte ich.

„**Sie denkt**, du arbeitest in einer Bank, Dino", sagte Alfredo.

„Ja", sagte ich. „**Was soll ich sagen?**"

„Ich weiß nicht", sagte Alfredo. „Aber **ich meine** ... du bist jetzt fast **dreißig Jahre alt** ..."

„Und?", sagte ich.

„**Na ja**, was willst du **mit deinem Leben machen?**", fragte Alfredo.

„Ich weiß nicht", sagte ich. „Ich lerne Deutsch. Für meine **Zukunft**."

„Das ist gut", sagte Alfredo. „In Italien gibt es nicht viel Arbeit."

„Wenn du mir nicht mehr **helfen** willst, auch

okay", sagte ich.

„Nein, Dino. Das ist kein Problem. Mein **Einkommen** ist sehr gut. Ich habe keine Frau, keine Kinder. Ich habe keine Zeit, mit meinem Geld etwas zu machen. Ich arbeite **ohne Pause**. Ich bin glücklich, dass ich dir helfen kann."

„Warum arbeitest du **eigentlich** so viel?", fragte ich. „Ist es nicht langweilig?"

„Ich arbeite **hart**, **damit** ich **später** ein gutes Leben habe", sagte Alfredo. „Aber **genug jetzt**. Ich bin **froh**, dass du hier bist. Schau, da kommt unser Essen!"

~

endlich: finally, **gefragt:** asked, **Man hat mir gesagt, dass ...:** They told me that ..., **nie:** never, **geflogen:** flown, **sieht nicht gut aus:** doesn't look good, **Beulen:** dents, **Kratzer:** scratches, **meine Sachen:** my things, **sind noch da:** are still there, **nicht mehr:** not any longer, **zum ersten Mal:** for the first time, **seit:** since/for, **fast wie zu Hause:** almost like at home, **Was willst du trinken?:** What do you want to drink?, **Ich habe einen Kater.:** I have a hangover., **lange Geschichte:** long story, **Wie findest du ... ?:** How do you like ... ?, **Bevölkerung:** population, **am Tag:** at daytime, **höher:** higher, **als.** than, **in der Nacht:** at night, **Pendler:** commuter, **sie denkt:** she thinks, **Was soll ich sagen?:** What should I say?, **ich meine:** I mean, **dreißig Jahre alt:** thirty years old, **Na ja, ...:** Well, ..., **mit deinem Leben machen:** do with your life, **Zukunft:** future, **helfen:** help, **Einkommen:** income, **ohne Pause:** non-stop, **eigentlich:** actually, **hart:** hard, **damit:** so that, **später:** later, **Genug jetzt!:** Enough already!, **froh:** glad

Übung

1. Wo war Dinos Koffer?

a) in Marrakesch

b) in Palermo

c) in Frankfurt

2. Warum will Dino kein Bier trinken?

a) Er hat eine Allergie.

b) Er hat einen Kater.

c) Er hat keinen Durst.

3. Frankfurts Bevölkerung ist ...

a) am Tag höher als in der Nacht.

b) in der Nacht höher als am Tag.

c) am Tag genau wie in der Nacht.

4. Warum gibt Alfredo Dino Geld?

a) Dino hat zu viel Geld.

b) Dino braucht viel Geld.

c) Dino hat keine Arbeit.

8. Sechs Stunden Aufenthalt

~

Ich habe heute Ted **getroffen**. Ted war mein **Mitbewohner** in einer **WG** in Berlin. Er war **auf dem Weg nach** New York und hatte **sechs Stunden Aufenthalt** in Frankfurt.

Ich habe Ted vom **Bahnhof** abgeholt. Er **grinste** und sagte: „Hi Dino, **wie geht's**?"

„Alles gut. Und du?", **antwortete** ich.

„Es ist okay", sagte Ted. „Ich muss wieder zurück nach New York. Mein **Visum** ist **abgelaufen**."

„Oh", sagte ich. „Das ist schade."

„Ja", sagte Ted. „**Verdammt** schade."

„Und jetzt? Was machen wir?", fragte ich.

„Was kann man in Frankfurt machen?", fragte Ted.

„Willst du Apfelwein trinken gehen?", fragte ich.

„Nein danke", sagte Ted. „Ich war gestern **auf einer Party**. Ich habe einen Kater **in der Größe von** Texas."

„Okay", sagte ich. „Willst du die Skyline von Frankfurt sehen?"

„Skyline? Diese drei, vier Türme? Habe ich **schon** vom Flugzeug **gesehen**", sagte Ted.

„Mmmh", sagte ich.

„Ich habe **gelesen**, es gibt in Frankfurt einen guten Zoo", sagte Ted.

„Du willst in den Zoo gehen?", fragte ich.

„Ja, **warum nicht?**", sagte Ted.

Der Frankfurter Zoo ist im Stadtteil *Ostend*. Wir sind **zu Fuß** gegangen.

„**Welche Tiere** willst du sehen?", fragte ich.

„**Lass uns** mit den Fischen **beginnen**", sagte Ted.

Wir gingen in das Zoo-Aquarium. „Ich mag diese **Atmosphäre**", sagte Ted. „Es ist so still und **dunkel**."

Wir gingen langsam durch das Aquarium. „Was habt ihr mit meinem **WG-Zimmer** gemacht?", fragte ich.

„Eine **junge Spanierin** ist in dein Zimmer **eingezogen**. Sie war sehr **hübsch**. Aber sie hatte **einen schlechten Charakter**", sagte Ted.

„Wie meinst du?", fragte ich.

„Lass uns **über etwas anderes reden**", sagte Ted.

„Okay", sagte ich und zeigte auf ein Aquarium mit Piranhas. „**Schöne Zähne**!"

Ted lachte.

Neben uns stand eine Familie mit drei Kindern vor einem Aquarium mit einem Clownfisch. Die Kinder **klopften an das Glas** und **schrien**: „Mami, Mami! Das ist der Fisch **aus dem Film**! Mami, Mami!"

„Okay, **genug** Aquarium **für heute**", sagte Ted. „Lass uns **gucken**, was die **Affen** machen."

Wir gingen ins Affenhaus. Es war **heiß**. Ein großer, schwarzer Gorilla **saß auf einem Stein**. Die Orang-Utans **hingen faul von einem künstlichen Baum**. Aber die Schimpansen waren sehr **aktiv**. Sie **rannten** und **sprangen wie verrückt**.

„**Vermisst du** Berlin?", fragte Ted.

„Ein bisschen", sagte ich. „Aber nicht das Wetter!"

Ted lachte und sagte: „Ja. Warum hat Berlin nicht das **Klima** von San Francisco? **Das wäre** perfekt!"

„Ja", sagte ich. „Berlin **am Meer. Gute Idee!**"

Ted schaute auf sein Telefon und sagte: „Verdammt, ich habe nur noch zwei Stunden."

Wir **verließen** den Zoo und gingen langsam durch die Stadt zurück zum Bahnhof.

„**Wie geht es** eigentlich Gustavo, unserem mexikanischen Mitbewohner?", fragte ich.

„Er **spielt immer noch** sein *Heavy Metal*, jeden Morgen", sagte Ted.

„**Mannomann!**", sagte ich. „Und Chang?"

„Unser Chinese? **Wieder zurück** in Hongkong", sagte Ted.

Der Zug zum Flughafen stand schon **auf dem Gleis**. „Okay, **ich muss los!**", sagte Ted.

„**Gute Reise**", sagte ich und gab Ted die Hand.

„**Mach's gut**, Dino", sagte Ted und **stieg in den Zug**.

~

getroffen: met, **Mitbewohner:** roommate, **WG (Wohngemeinschaft):** shared apartment, **auf dem Weg nach:** on the way to, **sechs Stunden:** six hours, **Aufenthalt:** layover, **Bahnhof:** train station, **grinste:** grinned, **Wie geht's?:** How's it going?, **antwortete:** answered, **Visum:** visa, **abgelaufen:** expired, **verdammt:** damn, **auf einer Party:** at a party, **in der Größe von:** the size of, **schon:** already, **gesehen:** seen, **gelesen:** read, **Warum nicht?:** Why not?, **zu Fuß:** on foot, **welche Tiere:** which animals, **lass uns:** let us, **beginnen:** begin, **Atmosphäre:** atmosphere, **dunkel:** dark, **WG-Zimmer:** room in shared apartment, **junge Spanierin:** young Spanish (woman), **eingezogen:** moved in, **hübsch:** pretty, **schlecht:** bad, **Charakter:** character, **über etwas anderes reden:** talk about something else, **schöne Zähne:** nice teeth, **klopften an das Glas:** knocked on the glass, **schrien:** screamed, **Mami!:** Mommy!, **aus dem Film:** from the movie, **genug für heute:** enough for today, **gucken:** look, **Affen:** apes, **heiß:** hot, **saß:** sat, **auf einem Stein:** on a stone, **hingen:** hung, **faul:** lazy, **von einem künstlichen Baum:** from an artificial tree, **aktiv:** active, **rannten:** ran, **sprangen:** jumped, **wie verrückt:** like crazy, **Vermisst du ... ?:** Do you miss ... ?, **Klima:** climate, **Das wäre ...:** That would be ..., **gute Idee:** good idea, **verließen:** left, **Wie geht es ... ?:** How is ... doing?, **spielt:** plays, **immer noch:** still, **Mannomann!:** Boy oh boy!, **unser Chinese:** our Chinese (roommate), **wieder zurück:** back again, **auf dem Gleis:** on the platform, **Ich muss los!:** Got to go!, **Gute Reise!:**

Have a good trip!, **Mach's gut!**: Take care!, **stieg in den Zug**: boarded the train

 ## Übung

1. Wer ist Ted?

a) Er war Dinos Mitbewohner in Berlin.

b) Er war Dinos Vermieter in Berlin.

c) Er war Dinos Lehrer in Berlin.

2. Ted fliegt zurück nach New York …

a) weil er kein Geld mehr hat.

b) weil sein Visum abgelaufen ist.

c) weil er seine Freunde vermisst.

3. Vermisst Dino Berlin?

a) ja

b) nein

c) ein bisschen

9. Blaulicht im Rotlichtviertel

Im **Bahnhofsviertel** habe ich meinen Bruder getroffen. Er war mit seinen Kollegen zusammen. Sie **trugen** alle graue Anzüge.

„Hey, Dino", sagte er. „Willst du **mitkommen**?"

„Wohin?", fragte ich.

„Wir gehen **was trinken**", sagte Alfredo.

„Okay", sagte ich. **Wir gingen los.** Es war dunkel.

Im Bahnhofsviertel gibt es viel **Neonlicht**. Dort sind viele Kneipen, Restaurants und **Bordelle**.

„Es ist ein bisschen wie Amsterdam hier", sagte Alfredo.

An einer Ecke saß ein Mann auf der Straße. Er schrie etwas. „Was ist sein Problem?", fragte ich.

„Das ist ein Junkie", sagte Alfredo. „Es gibt hier sehr viele."

„Keine Sorge", sagte einer der Banker. „Wir **ignorieren** sie, sie ignorieren uns."

„**Leben und leben lassen**", sagte ein anderer Banker und lachte.

Wir gingen weiter. Ich zeigte auf eine Straßenecke und sagte: „Oh, **Döner**! Wie in Berlin!"

„Was ist Döner?", fragte Alfredo.

„Du hast **noch nie** Döner gegessen?", sagte einer der Banker.

Alfredo schüttelte den Kopf. Die Banker lachten.

„Wirklich nicht?", fragte ich. „Willst du es **probieren**?"

„Nein", sagte Alfredo. „Ich bin nicht hungrig. Es

war **ein langer Tag. Ich brauche** Bier."

Einer von Alfredos Kollegen **sagte zu mir**: „Wir Banker arbeiten zu viel und haben immer **schlechte Laune**. Wir brauchen viel Bier."

„**Da vorne**", sagte Alfredo. „Da ist unsere **Stammkneipe**."

Aber die Tür war **blockiert**. Vor der Kneipe stand eine Gruppe von Männern. Ein Mann schrie etwas. Ein anderer Mann **schlug** ihm auf den Kopf. Er **blutete**.

Nach ein paar Sekunden kam die Polizei mit **Sirene** und **Blaulicht**. Die Polizisten redeten mit den Männern. Dann gingen sie wieder.

„Kommt ihr?", sagte einer der Banker.

„Aber ...", sagte ich. „Was war das?"

„Das ist normal hier", sagte Alfredo.

„Aber der Mann hat geblutet. Warum hat die Polizei nichts gemacht?", fragte ich.

„Das sind Junkies", sagte einer der Banker. „Da kann man nichts machen."

„Nein, aber ich meine ...", sagte ich. „Egal."

Die Banker gingen in die Kneipe.

„Kommst du?", fragte Alfredo und zeigte auf die Tür.

„Nein danke", sagte ich.

~

Rotlichtviertel: red-light district, **Bahnhofsviertel**: area around the station, **trugen**: wore, **mitkommen**: come along, **(et)was trinken**. drink something, **Wir gingen los**.· We got going., **Neonlicht**: neon light, **Bordelle**: brothels, **ignorieren**: ignore, **leben und leben lassen**: live and let live, **Döner**: doner kebab, **noch nie**: never ... before, **probieren**: try, **ein langer Tag**: a long day, **ich brauche**: I need, **einer von**: one of, **sagte zu mir**: said to me, **schlechte Laune**: bad mood, **Da vorne!**: Over there!, **Stammkneipe**: favorite pub, **blockiert**: blocked, **schlug**: punched, **blutete**: bled, **Sirene**: siren, **Blaulicht**: blue light, **Nein, danke.**: No, thanks.

 # Übung

1. Im Bahnhofsviertel gibt es viele ...

a) Kneipen, Restaurants und Boutiquen

b) Supermärkte, Restaurants und Bordelle

c) Kneipen, Restaurants und Bordelle

2. Warum will Alfredo kein Döner probieren?

a) Er ist Vegetarier.

b) Er ist nicht hungrig.

c) Er hat keine Zeit.

3. Alfredos Kollege sagt: „Banker ...

a) arbeiten zu wenig und haben immer gute Laune."

b) arbeiten zu viel und haben immer schlechte Laune."

c) arbeiten zu viel und haben immer gute Laune."

4. Was machen die Polizisten?

a) Sie reden mit den Männern.

b) Sie streiten mit den Männern.

c) Sie lachen mit den Männern.

10. Alle Städte, ein Preis

~

Alfredo muss zurück nach New York. Sein Chef hat gesagt, **er braucht ihn** in Amerika.

„Was machen wir **mit unseren letzten Tagen** in Frankfurt?", fragte Alfredo.

„**Eins ist klar, du musst** Döner probieren", sagte ich. Alfredo lachte und sagte: „Okay."

Also gingen wir in einen Dönerladen in der Innenstadt. „Wie schmeckt es?", fragte ich.

„Das ist perfekt", sagte Alfredo. „Sehr lecker!"

„Ja", sagte ich. „Aber der Döner hier in Frankfurt ist **sehr teuer.**"

„Wirklich? Fünf Euro ist doch nicht teuer!", sagte Alfredo und kaute.

„Ja", sagte ich. „Aber in Berlin **kostet** ein Döner nur zwei Euro."

„Ich war noch nie in Berlin", sagte Alfredo.

„**Vielleicht nächstes Mal**", sagte ich. „Berlin ist **wie ein anderer Planet.**"

„Und **was wirst du jetzt machen?**", fragte Alfredo. „Wenn ich nach New York gehe?"

„Ich weiß noch nicht", sagte ich. „Vielleicht gehe ich **für ein paar Wochen** nach Sizilien. Oder vielleicht gehe ich in eine andere deutsche Stadt."

„Und **was ist mit Arbeit?**", fragte Alfredo.

„Vielleicht kann ich in Italien als **Touristenführer** arbeiten. Ich spreche Englisch und ein bisschen Deutsch", sagte ich.

„**Aber warum** arbeitest du nicht in Deutschland?", fragte Alfredo.

„Mein Deutsch ist noch nicht gut genug", sagte ich.

***

Zwei Tage später ging ich mit Alfredo zum Flughafen. Wir hatten unsere Koffer in der Hand. Alfredo hatte ein Ticket nach New York. Ich hatte **noch immer keine Ahnung**, wohin ich gehen soll.

„Mach's gut, Dino", sagte Alfredo. **Wir umarmten uns.** „Arbeite nicht zu viel!", sagte ich. Alfredo lächelte. Dann ging er durch den Sicherheitscheck.

Ich stand mit meinem Koffer alleine im Frankfurter Flughafen. Von dort kann man in die ganze Welt **fliegen**: Asien, Amerika, Australien, Afrika — **nur ein Ticket entfernt**.

Aber vielleicht hatte Alfredo Recht. Vielleicht sollte ich versuchen, in Deutschland Arbeit zu finden. Alles, was ich brauche, ist ein **besseres Deutsch**.

Ich drehte mich um und verließ den Flughafen. Da sah ich ein Schild mit der Aufschrift: „Alle Städte, ein **Preis — Busreisen** von Frankfurt nach Hamburg, Berlin, Köln, Dortmund, München und mehr. Nur 30 Euro!"

Eine halbe Stunde später stand ich am **Busbahnhof. Ich kaufte** ein Ticket und **setzte mich in den erstbesten** Bus.

~

er braucht ihn: he needs him, **mit unseren letzten Tagen**: with our last days, **Eins ist klar.**: One thing is clear., **du musst**: you have to, **also**: so, **sehr teuer**: very expensive, **kostet**: costs, **vielleicht nächstes Mal**: maybe next time, **wie ein anderer Planet**: like another planet, **Was wirst du jetzt machen?**: What are you going to do now?, **für ein paar Wochen**: for a few weeks, **Was ist mit Arbeit?**: What about work?, **Touristenführer**: tourist guide, **aber warum**: but why, **noch immer**: still, **keine Ahnung**: no clue, **Wir umarmten uns.**: We hugged., **fliegen**: fly, **nur ein Ticket entfernt**: just a ticket away, **besseres Deutsch**: better German, **ich drehte mich um**: I turned around, **Preis**: price, **Busreisen**: bus trips, **Busbahnhof**: bus depot, **ich kaufte**: I bought, **ich setzte mich**: I took a seat, **in den erstbesten Bus**: on the first bus that came along

Übung

1. Warum muss Alfredo zurück nach New York?

a) Sein Chef braucht ihn.

b) Sein Visum ist abgelaufen.

c) Er hat kein Geld mehr.

2. Wie schmeckt Alfredo der Döner?

a) sehr gut

b) sehr schlecht

c) okay

3. Warum arbeitet Dino nicht in Deutschland?

a) Er mag das Wetter nicht.

b) Sein Deutsch ist noch nicht gut genug.

c) Er vermisst Sizilien.

4. Warum verlässt Dino den Flughafen?

a) Er muss ein Ticket kaufen.

b) Er will in Deutschland bleiben.

c) Er hat etwas vergessen.

Answer Key / Lösungen

1. b, a, c
2. a, b, b, b, a
3. b, b, c, c, b, a, a, b
4. a, b, c, b
5. c, a, a, c, a, b
6. a, b, a, a
7. a, b, a, c
8. a, b, c
9. c, b, b, a
10. a, a, b, b

About the Author

 **André Klein** was born in Germany, has grown up and lived in many different places including Thailand, Sweden and Israel. He is the author of various short stories, picture books and non-fiction works in English and German.

Website: andreklein.net

Twitter: twitter.com/barrencode

Blog: learnoutlive.com/blog

Acknowledgements

Special thanks to Sylvia Byrd-Leitner, Lisa & Marco Kursawe, Sanja Klein, Eti Shani, Tim Beckstein, Steve Carlson, Charlene Shero, Lorenzo Mazzei and Norman Danner.

This book is an independent production. Did you find any typos or broken links? Send an email to the author at andre@learnoutlive.com and if your suggestion makes it into the next edition, your name will be mentioned here.

Get Free News & Updates

Go to the address below and sign up for free to receive irregular updates about new German related ebooks, free promotions and more:

www.learnoutlive.com/german-newsletter

You Might Also Like ...

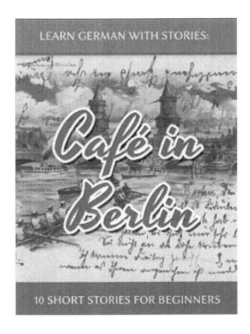

Newly arrived in Berlin, a young man from Sicily is thrown headlong into an unfamiliar urban lifestyle of unkempt bachelor pads, evanescent romances and cosmopolitan encounters of the strangest kind. How does he manage the new language? Will he find work?

available as paperback and ebook

This interactive adventure book for German learners puts you, the reader, at the heart of the action. Boost your grammar by engaging in sword fights, improve your conversation skills by interacting with interesting people and enhance your vocabulary while exploring forests and dungeons.

available as paperback and ebook

Fred Der Fisch

A picture book for the young and young at heart about an unusual friendship between two pets.

available as paperback and ebook

Bert Das Buch

Help Bert unravel the mystery of the book-threatening "reading machine". What does it want? Where does it come from? And will he be able to protect his leather-bound friends from its hungry jaws?

available as paperback and ebook

Thank you for supporting independent publishing.

learnoutlive.com

8240550R00053

Printed in Germany
by Amazon Distribution
GmbH, Leipzig